我是快樂小店長

主編／吳咸蘭
作者／王人平、吳咸蘭、施慧宜、許瑋捷、
　　　陳慧淇、賴韻天、薛伊廷
繪者／Ohno Studio

目 標	/ㄑ/、/ㄕ/、/ㄙ/ vs. /ㄐ/、/ㄓ/、/ㄗ/。
	(送氣音) (不送氣音)

錯誤型態

把送氣音發成不送氣音是常見的錯誤型態，此可能單獨存在，也可能與其他錯誤型態並存，例如：將「七」說成「雞」，將「三」說成「簪」，將「兔子」說成「肚子」。

使用策略

本書採用「音素對比」策略，藉由購物活動凸顯目標語詞的區辨。

共讀小提示

▌ 請先聚焦在下頁開始的對比詞彙，強化並放慢速度唸讀對比詞彙。

▌ 導讀後進行遊戲，家長或教師邀請幼兒扮演小店長，並依據賣場環境說出應歸位的物品。家長或教師需依幼兒實際發出語音所代表的物品給予圖卡，例如：幼兒要「油漆」卻說成「油雞」，那麼幼兒就會拿到「油雞」的圖卡。此遊戲活動之目的在提示幼兒對自己發音的覺察，並建立後續的自我監控。

▌ 進行角色扮演。

油_{一ㄡˊ}雞_{ㄐ一} / 油_{一ㄡˊ}漆_{ㄑ一}

對_{ㄉㄨㄟˋ}比_{ㄅ一ˇ}詞_{ㄘˊ}彙_{ㄏㄨㄟˋ}

婆_{ㄆㄛˊ}婆_{ㄆㄛ}賣_{ㄇㄞˋ}油_{一ㄡˊ}雞_{ㄐ一} 伯_{ㄅㄛˊ}伯_{ㄅㄛ}賣_{ㄇㄞˋ}油_{一ㄡˊ}漆_{ㄑ一}

紙ㄓˇ / 尺ㄔˇ

笛ㄉㄧˊ子ㄗ / 旗ㄑㄧˊ子ㄗ

學ㄒㄩㄝˊ生ㄕㄥ拿ㄋㄚˊ紙ㄓˇ
來ㄌㄞˊ畫ㄏㄨㄚˋ圖ㄊㄨˊ

老ㄌㄠˇ師ㄕ拿ㄋㄚˊ尺ㄔˇ
來ㄌㄞˊ畫ㄏㄨㄚˋ圖ㄊㄨˊ

弟ㄉㄧˋ弟ㄉㄧ買ㄇㄞˇ笛ㄉㄧˊ子ㄗ　妹ㄇㄟˋ妹ㄇㄟ買ㄇㄞˇ旗ㄑㄧˊ子ㄗ

雞ㄐㄧ蛋ㄉㄢ／漆ㄑㄧ彈ㄉㄢ

媽ㄇㄚ媽ㄇㄚ打ㄉㄚ雞ㄐㄧ蛋ㄉㄢ　哥ㄍㄜ哥ㄍㄜ打ㄉㄚ漆ㄑㄧ彈ㄉㄢ

槍ㄑㄧㄤ／薑ㄐㄧㄤ

警ㄐㄧㄥ察ㄔㄚ手ㄕㄡ拿ㄋㄚ槍ㄑㄧㄤ　奶ㄋㄞ奶ㄋㄞ手ㄕㄡ拿ㄋㄚ薑ㄐㄧㄤ

口哨（ㄎㄡˇ ㄕㄠˋ）／口罩（ㄎㄡˇ ㄓㄠˋ）　小黃花（ㄒㄧㄠˇ ㄏㄨㄤˊ ㄏㄨㄚ）／小黃瓜（ㄒㄧㄠˇ ㄏㄨㄤˊ ㄍㄨㄚ）

把（ㄅㄚˇ）口哨（ㄎㄡˇ ㄕㄠˋ）
放（ㄈㄤˋ）方桌（ㄈㄤ ㄓㄨㄛ）

把（ㄅㄚˇ）口罩（ㄎㄡˇ ㄓㄠˋ）
放（ㄈㄤˋ）圓桌（ㄩㄢˊ ㄓㄨㄛ）

奶奶（ㄋㄞˇ ㄋㄞ）種（ㄓㄨㄥˋ）
小黃花（ㄒㄧㄠˇ ㄏㄨㄤˊ ㄏㄨㄚ）

爺爺（ㄧㄝˊ ㄧㄝ）種（ㄓㄨㄥˋ）
小黃瓜（ㄒㄧㄠˇ ㄏㄨㄤˊ ㄍㄨㄚ）

遊戲規則

遊戲開始前，請先把附件圖卡拆開。

孩子　　　　家長或教師

1

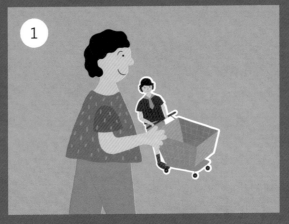

將小店長圖卡交給孩子，請孩子擔任小店長。

2

物品圖卡由家長或教師保管。

3

家長或教師：「一日小店長（孩子）開始囉！在進入賣場之前，小店長（孩子）應該要做些什麼事呢？沒錯！就是洗淨雙手，還要戴上口罩喔！」

4

家長或教師：「即將開店了，小店長（孩子）要開始檢查每個區域的東西有沒有都準備好了喔～」

5

這裡應該要放什麼呢?

家長或教師：「這裡應該要放什麼呢？」（例如：油雞）

6

請小店長（孩子）說出需要的東西。
（孩子說成：油漆）

7

家長或教師：「喔喔！你說的是油漆嗎？」家長或教師依照小店長（孩子）的發音給予物品圖卡（油漆）。

8

當小店長（孩子）未得到期待的油雞圖卡而反應時，家長或教師：「你想說的是油雞嗎？但聽起來是油漆喔！油漆和油雞不一樣，油漆有空氣從牙齒跑出來，但油雞沒有喔。你試試看講油雞，沒有空氣喔。」

9

請小店長（孩子）將得到的正確物品圖卡放在相對應的黑影位置。

10

家長或教師：「我們繼續去下一個地方看看吧～」

小店長準備好了嗎？Let's Go！

請小朋友幫忙小店長
把口罩戴上喔！

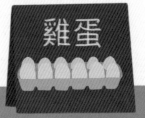

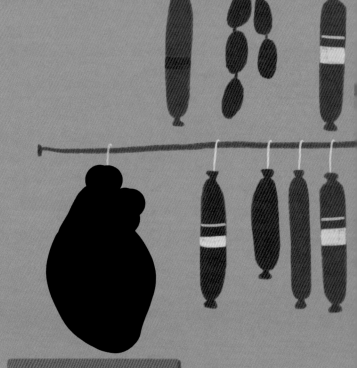

雞蛋

Orange Juice

Orange Juice

Orange Juice

MILK MILK MILK

油雞

$129

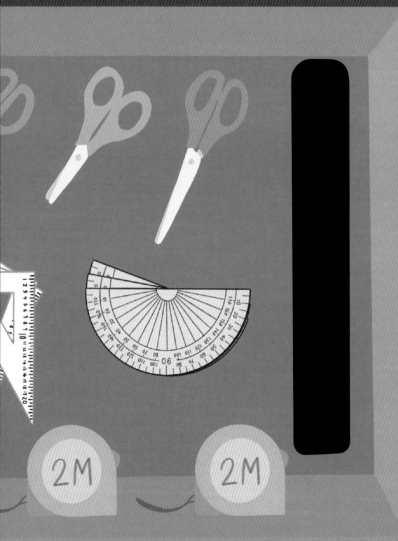

尺
"買2送1"

紙
"買1送1"

謝謝小朋友的幫忙，
今天的任務終於順利完成了！

繪本簡介

這是一套由資深語言治療師指導與語言治療系學生共同創作的功能性繪本，既可作為親子共享閱讀樂趣的童書，也可作為誘發幼兒語音學習的教材。這五本繪本以幼兒在語音發展過程中常見的語音錯誤型態為主題，藉由特殊的內容設計，運用具有實證基礎的教學策略，讓親子在趣味故事和操作活動中，強化語音學習，更享受親子閱讀的樂趣！各繪本的簡介及適用發音型態如下，建議可依照幼兒需求而使用，更推薦整套運用，為幼兒預備完整的語音發展學習。

詳細介紹

《企鵝阿湯的樂團》
幼兒常將舌尖音錯發為舌根音，如將「兔」子說成「褲」子；本書目標在誘發ㄉ、ㄊ語音的出現。

《恐龍咕咕的一天》
幼兒常將舌根音錯發為舌尖音，如將阿「公」說成阿「東」；本書目標在刺激ㄍ、ㄎ語音的出現。

《聽聽看，老婆婆吞了什麼？》
持續送氣的語音ㄈ、ㄙ、ㄕ通常較晚發展出來，幼兒常將氣流阻斷而變成另一個語音，如將「番茄」說成「潘茄」；本書目標在誘發幼兒持續發出送氣的語音。

《聽我說，聽你說》
ㄢ、ㄤ、ㄣ、ㄥ的發音可分析為（開口的）母音＋（閉合的）鼻音，所以是由兩個音所組成，此稱為聲隨韻母。幼兒常將鼻音尾巴省略，如將「幫忙」唸成「巴麻」；本書目標在引導幼兒將聲隨韻母完整發音。

《我是快樂小店長》
幼兒常容易將送氣音ㄑ、ㄕ、ㄙ發成不送氣音，如將「七」唸成「雞」；本書目標在誘發幼兒正確發出送氣音。

主編介紹

吳咸蘭

（經歷）
國立高雄師範大學
特殊教育學系專任助理教授
國立高雄師範大學
聽力學與語言治療研究所兼任助理教授
中華醫事科技大學
語言治療系助理教授兼系主任

作者群介紹

王人平、吳咸蘭、施慧宜、許瑋捷、
陳慧淇、賴韻天、薛伊廷
（依姓氏筆畫排序）

　　本系列繪本由資深語言治療師指導與語言治療系學生共同創作，內容乃針對華語兒童常見之構音/音韻錯誤而設計。繪本初稿參與「2020全國科技校院聽語治療實務設計競賽」榮獲兒童組第一名，經過重新編修與繪圖，本叢書得以誕生。我們希望透過共讀活動增進孩子對語音的覺察並體驗語言的趣味，只要善用策略與技巧，所有孩子都適用。

繪者介紹

Ohno Studio

　　「Ohno!」就像是從貨車上掉下來摔破在馬路中央的花瓶。散落在土堆及碎片裡的花，在這黯淡無奇的道路上創造了突如其來的美，置入了超現實的瞬間。喜歡任何視覺相關的事物，提供動畫、平面設計和配樂的服務。不喜歡太過正經的東西，希望能在平凡中，創作出令人感到舒服及驚艷的不平凡。

溝通障礙系列65051

我是快樂小店長

主　　編：吳咸蘭
作　　者：王人平、吳咸蘭、施慧宜、許瑋捷、
　　　　　陳慧淇、賴韻天、薛伊廷
繪　　者：Ohno Studio
執行編輯：陳文玲
總　編　輯：林敬堯
發　行　人：洪有義
出　版　社：心理出版社股份有限公司
地　　址：231026 新北市新店區光明街 288 號 7 樓

電　　話：(02) 29150566
傳　　真：(02) 29152928
郵撥帳號：19293172 心理出版社股份有限公司
網　　址：https://www.psy.com.tw
電子信箱：psychoco@ms15.hinet.net
排版印刷：昕皇企業有限公司
初版一刷：2023 年 1 月
I S B N：978-626-7178-38-6
定　　價：新台幣 450 元